AF337817

N° 20

BUREAU D'ÉTUDES PARLEMENTAIRES

15, rue de la Ville-l'Évêque

NOTE

RELATIVE A UNE PROPOSITION DE LOI

SUR LES

JUSTICES DE PAIX

PARIS

IMPRIMERIE ET LIBRAIRIE ADMINISTRATIVES ET CLASSIQUES

Paul DUPONT

4, RUE DU BOULOI, 4

1891

BUREAU D'ÉTUDES PARLEMENTAIRES

15, rue de la Ville-l'Évêque

NOTE

RELATIVE A UNE PROPOSITION DE LOI

SUR LES

JUSTICES DE PAIX

PARIS

IMPRIMERIE ET LIBRAIRIE ADMINISTRATIVES ET CLASSIQUES

Paul DUPONT

4, RUE DU BOULOI, 4

1891

BUREAU D'ÉTUDES PARLEMENTAIRES

15, rue de la Ville-l'Évêque

NOTE

Relative à une proposition de loi sur les Justices de Paix

I. — Les juges de paix en France et à l'étranger.
II. — Historique de la question.
III. — De la compétence des juges de paix.
IV. — Organisation : nomination, avancement et traitement. —
De l'inamovibilité.

I

LES JUGES DE PAIX EN FRANCE ET A L'ÉTRANGER

En **France**, les justices de paix ont été créées par la loi des 16-24 août 1790.

Une justice de paix se compose d'un juge et de deux suppléants (Lois des 16-24 août 1790. — 9 ventôse an IX. — 16 ventôse an XII). Il doit y avoir un juge de paix par canton.

Ces magistrats ont trois ordres de fonctions bien distinctes :

Un pouvoir de conciliation ;
Des fonctions judiciaires ;
Des fonctions extrajudiciaires.

En vertu de leurs attributions judiciaires, ils connaissent :

1° En *matière civile*, des actions mobilières, réelles ou personnelles, mais non commerciales, en premier ressort jusqu'à 200 francs et en dernier ressort jusqu'à 100 francs. (Loi du 25 mai 1838)

Leur compétence exceptionnelle s'étend aux matières énumérées par les lois des :

> 25 mai 1838, art. 2 à 6 ;
> 22 février 1851, art. 18 ;
> 14 mai 1851, art. 7 ;
> 21 mai 1855, art. 1.

2° En *matière criminelle*, des contraventions de simple police, c'est-à-dire des faits qui peuvent donner lieu soit à une amende de 15 francs ou au-dessous, soit à un emprisonnement de 5 jours et au-dessous.

3° En *matière administrative*, des contestations relatives à l'application des tarifs et à la qualité des droits (2 vend. an VIII, art. 1), des contestations relatives à l'application des tarifs de douane (22 août 1791, t. XIII, art. 14) (14 frim. an III, art. 10, — 9 flor. an VII, art. 6) ; des appels interjetés contre les décisions des commissions municipales en matière d'élections (2 fév. 1852, art. 22).

Leurs attributions extrajudiciaires s'exercent en dehors de toute instance et se rapportent aux matières les plus diverses :

Au civil, par exemple : convocation et présidence des conseils de famille des mineurs et interdits.

Au criminel, par exemple : mission de rechercher les crimes, délits ou contraventions, d'en rassembler les preuves et d'en livrer les auteurs aux tribunanx de répression (C. I. crim., art. 8 et 9).

En *matière administrative*, le juge de paix déclare exécutoires les contraintes délivrées contre les redevables par les administrations des contributions indirectes et de l'enregistrement.

En Algérie, les juges de paix à compétence étendue connaissent des actions mobilières, tant réelles que personnelles en dernier ressort jusqu'à 500 francs et en premier ressort jusqu'à 1,000 francs ; ils peuvent même tenir une audience de référé (19 août 1854, art. 2).

Les juges de paix doivent être âgés de 30 ans accomplis.

Aucune autre condition de capacité n'est exigée.

Pour le traitement ils sont divisés en neuf classes :

Pour la 1re classe. . . .   8.000 francs.

—	2ᵉ	—	5.000	—
—	3ᵉ	—	3.600	—
—	4ᵉ	—	3.500	—
—	5ᵉ	—	3.000	—
—	6ᵉ	—	2.700	—
—	7ᵉ	—	2.400	—
—	8ᵉ	—	2.100	—
—	9ᵉ	—	1.800	—

LÉGISLATIONS ÉTRANGÈRES (1).

En **Belgique** la loi du 25 mars 1876 a élevé de 100 francs la compétence des juges de paix, de sorte que ces magistrats sont aujourd'hui compétents, en matière civile, jusqu'à 300 francs à charge d'appel.

Ils doivent être docteurs en droit et jouissent de l'inamovibilité.

Leur traitement est de 3,000 francs (2).

Dans les **Pays-Bas**, la loi de 1877 a fixé la compétence des juges des tribunaux de canton à 50 florins (105 fr.) en premier ressort et 200 florins (420 fr.) à charge d'appel.

Le grade de docteur en droit est exigé. Ils sont inamovibles.

Leur traitement est de 6,240 francs, 5,200 francs et 4,575 francs (3).

En **Autriche**, la loi de 1873 a réglé la compétence des tribunaux de district : 25 florins (64 fr. 75) en premier ressort.

500 florins (1,255 fr.) si les parties prorogent d'accord leur compétence, et s'il s'agit de procurer un titre pour une créance exigible, pourvu que les formalités de la procédure sommaire soient applicables.

---

(1) A consulter Payenneville, *Essai sur la réforme des juges de paix*, 1882, IV.

(2) E. Flourens, *De l'organisation judiciaire de la France et de la Belgique.*

(3) Demombynes, *Extrait des Constitutions européennes.*

En matière commerciale, dans les villes où il n'y a pas de tribunaux de commerce, les juges de district connaissent dans les limites de leur compétence ordinaire.

Comme conditions de capacités, ils doivent subir un examen de droit.

Leur traitement est de 4,600 francs, 4,160 francs et 3,640 francs.

En **Hongrie**, la loi de 1877 a fixé la compétence à 50 guelden (105 fr.).

Le traitement est de 4,250 francs.

En **Espagne**, les juges du municipe statuent en premier ressort sur les affaires civiles n'excédant pas 250 pesetas (270 fr.) et en matière pénale sur les contraventions.

Ils sont nommés sur présentation.

Leur traitement est de 5,400 francs.

En **Portugal**, le juiz ordinario est compétent en matière civile et mobilière jusqu'à 55 fr. 50 et juge en premier ressort les contraventions ; au dessous de lui le juiz de paz est chargé de la conciliation et de l'apposition des scellés.

En **Suisse**, dans le canton de Genève, par exemple, la loi de 1847 a fixé la compétence des juges de paix à 200 francs en matière civile.

En matière pénale, ils ne peuvent infliger une peine supérieure à 50 fr. d'amende et 8 jours d'arrêt.

Ils sont élus pour 2 ans par l'assemblée des citoyens et sont rééligibles.

Leur traitement est de 4,500 francs.

En **Allemagne**, depuis la loi de 1877, les tribunaux de bailliage, composés d'un seul juge assisté d'un greffier et d'un ministère public, sont compétents jusqu'à 300 marks (375 fr.).

En matière pénale, le juge n'est plus seul ; il est assisté de deux échevins nommés sur présentation. Ils constituent le tribunal des échevins (*Schöffengerichte*).

Les juges de bailliage sont inamovibles.

On exige d'eux les mêmes conditions de capacité que pour les magistrats supérieurs.

Leur traitement est, en Prusse, de 9,375 francs et 3,750 francs.

En **Russie**, la loi de 1864 décide que les juges sont élus pour trois ans par l'assemblée de district ; il y a dans chaque canton un juge de paix rétribué et dans chaque district un certain nombre de juges de paix honoraires ; l'appel de leur sentence est porté devant une assemblée composée de tous les juges de paix du ressort. Cette assemblée est tribunal d'appel pour les affaires dont le juge isolé a connu en premier ressort, et tribunal de cassation pour celles qu'il a jugées en dernier ressort.

Leur compét nce est relativement élevée : 2,000 francs.

Leur traitement varie de 6,000 francs à 8,800 francs.

En **Angleterre**, l'institution qui ressemble le plus à nos justices de paix, mais qui de jour en jour s'en éloigne davantage pour se rapprocher de nos tribunaux de première instance est ce que l'on appelle les cours de comté (*Country-Courts*). Les juges des cours de comté voyagent dans toute la circonscription ; ils sont assistés de baillifs ou huissiers, de trésoriers, de greffiers.

Leur traitement est de 37,500 francs.

Ils jouissent d'une sorte d'inamovibilité.

A côté d'eux, les juges de paix, dont le nom seul rappelle notre institution et qui sont chargés surtout de faire respecter l'ordre public et de veiller au maintien de la *paix du roi*, sont d'ordinaire de grands propriétaires fonciers qui exercent gratuitement leurs fonctions. « La justice de paix est en Angleterre comme l'école préparatoire qui mène à toutes les fonctions publiques. Tout fils de famille s'empresse de se faire inscrire dans les rangs de cette magistrature qui n'est point un office politique livré au jeu des influences de parti..... Le souverain peut nommer autant de juges de paix qu'il veut (1). »

En **Italie**, la loi de 1864 a pris pour base de l'organisation judiciaire l'unité du juge.

Des magistrats spéciaux nommés par le roi sur une liste de trois candidats, présentés par le Conseil municipal, sont chargés de la conciliation : ce sont des fonctions honorifiques.

Au-dessus d'eux, les préteurs (juges de paix) connaissent jusqu'à

____

(1) Fischel, Trad. franç., t. II, p. 35.

1,500 francs en matière civile et commerciale, et, en matière pénale, jusqu'à 300 francs d'amende.

Pour être nommé préteur, il faut avoir été attaché pendant un an au moins en qualité d'auditeur à une cour ou à un tribunal, et avoir subi devant une commission spéciale un examen de pratique judiciaire. Les auditeurs sont soumis eux-mêmes à un concours.

Après trois ans de service judiciaire, les préteurs sont inamovibles et ne peuvent être déplacés que sur l'avis d'une commission composée de plusieurs membres de la Cour de cassation,

Leur traitement est de 2,000 francs et 2,400 francs.

Le tableau suivant permettra de saisir d'un regard les différentes situations des juges de paix dans les principaux pays d'Europe :

TABLEAU SYNOPTIQUE DE LA SITUATION DES JUGES DE PAIX
DANS LES DIFFÉRENTS PAYS D'EUROPE

PAYS.	CLASSES.	TRAITE-MENT.	COMPÉTENCE en MATIÈRE CIVILE.		CONDITIONS DE CAPACITÉ EXIGÉES. INAMOVIBILITÉ.
			1er ressort.	Dernier ressort.	
France	1 2 3 4 5 6 7 8 9	8.000 5.000 3.600 3.500 3.000 2.700 2.400 2.100 1.800	100	200	Aucune. Amovibles.
Allemagne . . Prusse	1 2	9.375 3.750	»	375	Les mêmes que pour les magistrats supérieurs. Inamovibles.
Angleterre . .	1	37.500	»	»	Inamovibles.
Autriche . . .	1 2 3	4.680 4.160 3.640	64.75	1.255	Examen de droit.
Belgique . . .	1	3.000	100	300	Docteurs en droit. Inamovibles.
Espagne. . . .	Dernière classe de juges.	5.400	270	»	Nommés sur présentation.
Hongrie. . . .	1	4.250	105	»	
Italie.	1 2	2.400 2.000	»	1.500	Examen de droit. Inamovibles.
Pays-Bas . . .	1 2 3	6.240 5.200 4.575	105	420	Docteurs en droit. Inamovibles.
Portugal . . .	»	»	55.50	»	
Russie	1 2	8.800 6.000	»	2.000	Élus par l'assemblée du district.
Suisse.	1	4.500	»	200	Élus par l'assemblée des citoyens.

Cet examen rapide permet de constater que, dans la plupart des pays d'Europe, les juges de paix jouissent d'une compétence plus étendue, d'un traitement plus élevé et d'une situation moins précaire que chez nous.

Cet état de choses réclame une réforme qui est, d'ailleurs, depuis longtemps à l'étude.

II

HISTORIQUE DE LA QUESTION (1)

Travaux parlementaires. — Dès le mois de novembre 1866, le Gouvernement du second Empire soumettait à l'examen du Conseil d'Etat un projet sur les justices de paix : les événements de 1870 empêchèrent d'y donner suite.

Le 7 septembre 1871, M. Parent proposait à l'Assemblée nationale d'attribuer aux juges de paix la connaissance des actions commerciales, dans les limites établies par l'article premier de la loi du 25 mai 1838.

(1) Voici, par ordre chronologique, la date des principaux projets de loi :

7 septembre 1871, proposition de loi de M. Parent. — 1er mars 1872, rapport sommaire de M. Francisque Rivet. — 14 novembre 1873, rejet de la prise en considération.

20 mars 1877, 18 janvier 1878, } proposition de loi de MM. Floquet et Parent.

17 mai 1878, proposition de loi de M. Laroche-Joubert, ayant pour objet d'améliorer la situation des juges de paix. — 13 février 1879, rapport sommaire de M. Ed. Marion sur cette proposition. — 15 mars 1879, rejet de la prise en considération.

15 mars 1881, proposition de loi de M. Cazot, Garde des sceaux, Ministre de la justice. — 23 juillet 1881, rapport de M. Goblet.

16 février 1882, projet de loi sur la réforme judiciaire, présenté par M. Humbert, Garde des sceaux, Ministre de la justice. — 6 mai 1882, rapport de M. Pierre Legrand.

29 janvier 1883, proposition de loi sur la réforme judiciaire, présentée par M. Devès, Garde des sceaux, Ministre de la justice.

10 mars 1883, projet de loi présenté par M. Martin-Feuillée, sur la compétence des juges de paix. — 4 février 1884, rapport de M. Ferdinand Dreyfus.

26 novembre 1885, projet de loi présenté par M. Brisson, Garde des sceaux, Ministre de la justice, sur la compétence des juges de paix.

19 novembre 1889, proposition de loi relative aux justices de paix, présentée par M. Labussière. — 2 février 1888, 22 mars 1888, 23 juin 1888, 19 mars 1889, rapports de M. Labussière.

Le 20 mars 1877 et le 18 janvier 1878, MM. Floquet et Parent saisissaient les Chambres d'une très importante proposition de loi qui tendait à élargir notablement la compétence des juges de paix en diverses matières.

Le 15 mars 1881 M. le garde des sceaux Cazot déposait à son tour un projet de loi sur la compétence des juges de paix, qui fut rapporté le 23 juillet de la même année par l'honorable M. Goblet, mais ne put être discuté avant la fin de la législature.

Il en fut de même des projets de MM. Humbert (16 février 1882), Devès (29 janvier 1883), Martin-Feuillée (10 mars 1883), et du rapport de M. Dreyfus (4 février 1884).

Dans la deuxième législature, au lendemain de la réunion de la Chambre, le ministère Brisson déposa, le 26 novembre 1885, un projet de loi qui n'était que la reproduction du rapport Dreyfus.

Ce projet, soumis à l'examen d'une commission spéciale de onze membres, fut renvoyé à une commission de trente-trois membres chargée d'examiner les différents projets et propositions de loi touchant la réforme du code de procédure civile.

Au nom de cette commission, M. Labussière déposa dans les séances des 2 février, 22 mars et 8 juin 1888, trois rapports qui furent immédiatement mis à l'ordre du jour de la Chambre, mais ne purent venir en discussion avant sa séparation.

L'auteur de ces rapports les réunit en une proposition de loi — celle qui est actuellement soumise — qu'il déposa le 19 mars 1889 sur le bureau de la Chambre.

Le Gouvernement s'en est déclaré partisan, sauf quelques critiques de détail.

Cette proposition de loi contient trois titres :

Le premier traite de la **compétence** ;

Le second, de la **procédure** ;

Le troisième, de l'**organisation et du traitement**.

Une disposition spéciale prescrit la revision du tarif des actes d'huissier et de la taxe des greffiers de justice de paix.

Laissant de côté le titre de la procédure en justice de paix — sur laquelle un projet est actuellement en étude à la chancellerie — la Commission examine les deux autres titres : c'est la discussion des différents articles qu'ils comprennent que nous nous proposons d'aborder.

III

DE LA COMPÉTENCE DES JUGES DE PAIX

Tout le monde s'accorde aujourd'hui sur le principe de l'extension de la compétence des juges de paix, et cependant cette extension, poussée au delà de certaines limites, modifierait le caractère dont ces magistrats ont été revêtus à l'origine et qu'ils ont conservé depuis. Il n'est pas inutile de rappeler l'esprit qui a guidé le législateur de 1790 : on appréciera mieux par là les modifications profondes que le projet de loi actuel apporte à cette institution ; il la détourne de son but primitif : ainsi qu'on le verra, **des juges de paix, il fait surtout des juges.**

La loi des 16-24 août 1790 créait une institution nouvelle et originale dont il faudrait peut-être rechercher les traces premières en Hollande où existaient, au dix-huitième siècle, des juges pacificateurs que Voltaire, dans une de ses lettres, signale à l'attention de ses contemporains (1).

En tous cas, le nom seul de juges de paix semble avoir été emprunté à l'Angleterre : les juges de paix anglais (*judges of the peace*) sont en effet de grands propriétaires fonciers, exerçant gratuitement des fonctions judiciaires et administratives qui, peu étendues en matière civile, ont surtout pour but de veiller à la paix du royaume (2).

« Nos législateurs voulurent, par la justice de paix, créer une juridiction « exempte des rigueurs de la procédure, des formes qui obscurcissent tellement les procès que le juge le plus expérimenté ne sait plus qui a tort ou raison (3). » Ils songèrent principalement à organiser une magistrature de conciliation, dont la mission principale serait de tarir les procès à leur

(1) Voltaire, *Œuvres complètes*. Paris, 1864, t. V, p. 497.

(2) Glasson, *Histoire du droit et des institutions politiques, civiles et judiciaires de l'Angleterre*, comparées aux institutions de la France. Paris, 1882, 6 vol. in-8°.

(3) Thouret, séance du 7 juillet 1790.

source, et d'user de son influence et de son crédit pour apaiser les querelles locales (1).

N'est-ce pas ce qui ressort clairement du rapport de Thouret à l'Assemblée constituante?

« Il faut, disait-il, que tout homme de bien, *pour peu qu'il ait d'expérience et d'usage*, puisse être juge de paix.

« La compétence doit être bornée aux choses de *convention très simple* et de la plus petite valeur, et *aux choses de fait* qui ne peuvent être bien jugées que par *l'homme des champs* qui vérifie sur les lieux mêmes l'objet du litige et qui trouve dans son expérience des règles de décision plus sûres que *la science des termes et des lois* ne peut fournir aux tribunaux.. »

La Constitution de l'an III (art. 215), la Constitution de l'an VIII et les lois postérieures ne se sont pas écartées de ce principe.

« Que les juges de paix, disait M. Amilhau, dans la séance du 6 mai 1838, se gardent bien d'oublier que leur principale attribution, c'est le devoir de concilier; rien ne doit les arrêter dans ce noble but. »

Et, lorsqu'en 1876 la Belgique modifiait la compétence des juges de paix, le rapporteur, M. Thonissen, rappelait en termes éloquents la nature de cette institution et déclarait que la loi nouvelle ne se proposait nullement de s'en éloigner (2).

Sans doute, aujourd'hui, l'importance sociale des juges de paix a beaucoup grandi. Comme cette institution produisait d'heureux résultats, on a cherché à lui donner chaque jour un plus grand développement : de nombreuses dispositions législatives ont confié à ces magistrats la connaissance de bien des litiges, et leurs fonctions sont devenues fort complexes.

« Être seul dans un canton chargé de faire l'application de la loi dans une multitude de cas... ; prévenir les procès entre les justiciables, et, en conciliation, faire entrevoir aux plaideurs les côtés douteux de leur cause; avoir sa porte ouverte à tous les besoins et protéger toutes les misères... ; dans ces pénibles appositions de scellés, non seulement faire des actes

____

(1) A. FAURE, *De l'extension de la compétence des juges de paix*. A. Cotillon, Paris, 1882, IV.

(2) A. FAURE, ouv. cité.　　　　　　　　　　　　　　　　　　　　　　4

conservatoires, mais se présenter toujours en magistrat, jamais en homme de justice, dans la mauvaise acception du mot; présider les conseils de famille... ;

« Comme officier de police judiciaire, suppléer à l'absence du procureur... ; ne se laisser entraîner ni par la clameur publique, ni par l'énormité du crime, ni par l'attitude de l'inculpé; chercher la vérité sans colère et sans éclat, guidé seulement par cette considération solennelle que d'une information préliminaire, bien ou mal comprise, peut dépendre la condamnation d'un innocent ou l'acquittement d'un coupable;

« Telle est dans son ensemble la mission du juge de paix ; elle est universelle, elle est grande et très belle (1). »

Sous cette diversité d'attributions, il est aisé néanmoins de démêler le véritable caractère des juges de paix : ce sont avant tout des *conciliateurs,* des magistrats qui ont le droit de juger *en équité* (2), sans s'attacher au texte du Code ; — cela résulte *a contrario* de l'article 15 de la loi du 25 mai 1838 qui déclare que leurs jugements ne peuvent être portés devant la Cour de cassation que pour excès de pouvoir et non pour violation de la loi ou par erreur dans son application.

Ce sont ensuite des juges pour les procès de moindre importance.

Tels sont les principes qui dominent l'institution des juges de paix ; ils en déterminent nettement les caractères essentiels. Examinons maintenant les avantages et les inconvénients que présente la réforme relative à l'extension de leur compétence.

Certes, tout le monde est partisan de cette extension; mais quelle doit en être l'étendue? Ici apparaissent les controverses (3).

(1) Henri Salin, *Importance sociale des juges de paix.* Paris, IV, 1864.

(2) Garsonnet, *Cours de procédure civile*, t. I.

(3) Voici les chiffres proposés :

Proposition Saint-Romme.	En dernier ressort	200 fr.	En premier	500 fr.
— E. Brousse	—	200	—	500
— Bisseuil	—	300	—	500
— Eymard-Duvernay. . . .	—	200	—	1.000
— Floquet et Parent. . . .	—	400	—	1.000
Projet du Gouvernement (1881) . . .	—	200	—	1.500
Proposition Martin-Feuillée.	—	500	—	1.500
Projet du Gouvernement (1883) . . .	—	200	—	1.500
— de la Commission (1884) . . .	—	200	—	1.500
— du Gouvernement (1885) . . .	—	150	—	1.500

Faut-il, à l'exemple de la Belgique, ne tenir compte que de la dépréciation du signe monétaire depuis 1838, dépréciation estimée en général de 1 à 3?

C'est dans cette seule limite qu'il conviendrait d'étendre la compétence des juges de paix, si l'on veut conserver à l'institution son caractère.

Veut-on aller plus loin et, comme le projet de loi, élever jusqu'à 1,500 francs cette compétence?

Les justices de paix, comme l'observe fort justement la Cour de Chambéry, deviennent de véritables tribunaux de première instance pour lesquels on est en droit d'exiger les mêmes conditions d'indépendance et de capacité que celles dont on entoure les tribunaux ordinaires.

Or il est de principe en France que la justice doit être rendue par plusieurs juges, « le juge unique étant destiné à devenir juge inique (1) ».

Il est non moins admis que le juge doit être indépendant du pouvoir, c'est-à-dire inamovible : sinon il est trop enclin à rendre des services, et non des arrêts.

Les justices de paix ne présentent ni l'une ni l'autre de ces deux garanties : le tribunal de canton n'est composé que d'un seul juge soumis à la discrétion absolue du pouvoir central.

Porter à 1,500 francs la compétence de pareils tribunaux, c'est jeter la première base d'une réorganisation judiciaire qui reposerait, comme en Italie, sur l'unité du juge.

Etudions les arguments que font valoir les partisans et les adversaires de cette réforme, quels inconvénients celle-ci présente, et par quels moyens il est possible d'y remédier.

La pluralité des juges a toujours été regardée chez nous comme condition d'une bonne justice. Le mot de Montesquieu a été souvent cité : « Le magistrat unique ne peut avoir lieu que dans le gouverment despotique. »

En Belgique, M. Thonissen disait dans son rapport : « Il ne faut pas oublier qu'un seul magistrat siège à la justice de paix. La passion peut égarer un juge qui n'a pas à ses côtés d'autres juges pour l'avertir et l'arrêter au besoin quand il s'engage dans une fausse route. » Et remarquez que cet orateur s'exprimait ainsi dans un pays où les juges de paix sont docteurs en

---

(1) P. Philouze, *La Magistrature française, son maintien ou sa ruine.*

droit et inamovibles. Que serait-ce chez nous où aucune condition de capacité n'est exigée de ces magistrats, qui sont placés sous la dépendance directe du pouvoir central.

Enfin, ajoute-t-on encore (1), « on n'admettra l'unité du juge que si on remplace le délibéré du juge par la délibération du jury. » Et plus loin, comme conclusion, l'auteur ajoute : « Où trouver de meilleurs témoins que le barreau ? des appréciateurs plus compétents et plus dignes de guider l'opinion publique ? Il est donc permis de dire sans crainte de se tromper que la France est attachée à ses tribunaux, qu'elle ne les verrait pas bouleverser sans répugnance, qu'elle veut les perfectionner, non les détruire. »

Ces arguments sont-ils définitifs ?

Si ce système prête à la critique, n'offre-t-il pas en échange quelques avantages ?

Le juge unique assume à lui seul la responsabilité de ses sentences : si elles ne sont pas conformes au droit et à l'équité, il y va de son crédit, de sa considération, de son avenir.

Aussi bien, depuis quelques années, l'Italie en a-t-elle fait avec succès l'expérience par l'institution des *préteurs*.

N'en a-t-il pas été de même chez nous avant la Révolution ?

Depuis 1302, au Châtelet de Paris, un juge-auditeur tenait quatre audiences par semaine pour juger, jusqu'au chiffre de 5 livres, en premier ressort, les actions purement personnelles. Un édit de septembre de 1769 institua une juridiction analogue dans tous les bailliages et sénéchaussées.

« Une longue expérience leur donnait ce qui fait seul un juge recommandable, la connaissance des hommes, l'habitude et le tact des affaires. Sans moyen d'arriver à la fortune ni de s'élever à des places supérieures, leur ambition ne pouvait avoir qu'un objet, la considération publique (2) ».

Ils sont rares, disait-on, les magistrats de cette valeur, et il y a en France 2,870 juges de paix !

Nous répondrons qu'ils seront moins difficiles à rencontrer lorsqu'on exigera pour leur nomination des garanties sérieuses de savoir et d'honora-

(1) G. Picot, ouv. cité, p. 241.

(2) Henrion de Pansey, *De la compétence des juges de paix.*

bilité, qu'on leur offrira d'autre part un traitement plus rémunérateur avec, à la fin de leur carrière, en récompense des services rendus, certaines distinctions honorifiques ; lorsqu'on les éloignera enfin de la politique, qui compromet la dignité du magistrat en faisant de lui le serviteur d'un régime.

Le principe de l'unité du juge n'a donc, à vrai dire, rien d'effrayant en ce qui concerne les juges de paix.

Ces observations présentées, voyons dans quelles limites il y a lieu d'étendre leur compétence.

Nous diviserons ce sujet en quatre parties :

A — Extension de la compétence civile.

B — Extension aux matières commerciales.

C — Extension relative aux affaires correctionnelles.

D — Faut-il accroître la compétence territoriale ?

A — Extension de la compétence civile.

1° En matière immobilière :

On sait que le juge de paix est un *juge d'exception*, c'est-à-dire qu'il ne peut se déclarer compétent que dans les seuls cas prévus expressément par la loi.

La raison en est que les justices de paix n'offrent pas les mêmes garanties que les autres tribunaux : pluralité de juges, ministère public, barreau, etc. Aussi ne doit-on soumettre à la décision des juges de paix que les litiges que le législateur l'a estimé capable de trancher.

Ce caractère de juge exceptionnel la Commission veut le respecter et refuse aux juges de paix la connaissance des actions immobilières dont la valeur ne peut être facilement déterminée.

D'autres estiment au contraire (1) qu'il y a lieu de leur accorder la plénitude de juridiction ; ils soutiennent que la valeur des droits immobiliers est déterminable (V. la loi du 11 avril 1838) et font observer que les juges de paix statuent sur des questions qui présentent le même caractère et dont l'importance n'est pas moindre, c'est-à-dire les *actions possessoires*.

(1) V. le Rapport de M. Goblet, 25 juillet 1882, et le Discours prononcé par M. Gonod d'Artemarre à la rentrée de la Cour d'Orléans en 1882.

2° En matière personnelle et mobilière :

Le taux de *3,000 francs en dernier ressort* semble correspondre à la diminution du signe monétaire que certains estiment être dans la proportion de 1 à 3.

Pour le taux de la compétence *à charge d'appel* la Commission propose de l'élever à *1,500*.

Cette extension aura pour résultat de faire cesser une singulière anomalie.

Aujourd'hui les actions personnelles et mobilières de 100 à 200 francs peuvent être soumises à deux degrés de juridiction. Celles de 200 à 1,500 francs sont jugées en premier et dernier ressort par les tribunaux de première instance.

L'extension est-elle excessive ?

Quel doit être, dit-on, le but d'un gouvernement républicain en matière de réforme judiciaire ? Ouvrir à tous les citoyens une justice économique, prompte et rapprochée.

La réforme proposée offre-t-elle ces caractères ? Toute la question est là.

La justice sera-t-elle **plus expéditive ?**

Négative. — Dans les tribunaux de première instance il y a un rôle ; une affaire ne peut être jugée avant que toutes les affaires antérieurement inscrites soient épuisées : ainsi s'expliquent les lenteurs apportées à la solution des procès ; or le nombre des affaires qui leur seront soumises en vertu de la loi nouvelle forcera les justices de paix à avoir également un rôle.

En 1887, les tribunaux de première instance ont eu à juger 205,375 causes.

170,287 affaires ont été terminées : 75,158 par des jugements contradictoires, et 47,149 par des jugements par défaut, dont 23,981 jugements contradictoires, et 22,779 jugements par défaut étaient en dernier ressort ; 37,980 jugements ont été terminés par transaction ou désistement, qu'il faut supposer répartis dans les mêmes proportions que les affaires jugées définitivement. Il y aura donc environ 61,000 affaires qui seront enlevées aux tribunaux civils pour être transportées aux justices de paix, soit, comme il existe 2,780 juges de paix, environ 21 affaires par juge.

Si, comme le propose la Commission, les juges de paix sont déclarés incompétents en matière immobilière, il y aurait lieu de retrancher de ce total un certain nombre d'affaires — nous n'avons pu nous procurer le chiffre exact. — Quoi qu'il en soit, est-il raisonnable d'augmenter dans cette mesure le travail des juges de paix, déjà si occupés, surtout si on leur accorde en outre une compétence commerciale ?

Affirmative. — Ces craintes sont exagérées; des renseignements pris sur divers points de la France il résulte que la surcharge pour chaque juge de paix ne dépasserait pas huit à neuf affaires par année; la tenue d'un rôle serait donc inutile.

La justice sera-t-elle **moins coûteuse?**

Négative. — La plupart du temps, la valeur du litige, jointe à la défiance du premier juge, poussera les parties à risquer un appel devant le tribunal, à moins qu'elles ne préfèrent, dès le premier ressort, se faire assister d'avoués et d'avocats amenés à grands frais du chef-lieu d'arrondissement. S'organiseront alors des barreaux secondaires, sans lumières, sans vergogne, qui offriront dans nos campagnes un refuge aux hommes d'affaires rebutés par les grandes villes, des « mangeries de village », comme disait Loyseau. Que l'on compare les dépenses ainsi exposées avec l'état de frais très modéré d'une affaire sommaire devant le tribunal de première instance : 10 francs si le jugement est rendu par défaut, 30 à 35 francs si le jugement est contradictoire ; ce tarif est de plus réduit d'un quart si la population du chef-lieu d'arrondissement n'excède pas 30,000 habitants.

Affirmative. — Est-il vrai de dire que l'appel deviendrait la règle commune ? D'après les prévisions les moins optimistes, la moitié des affaires serait seule frappée d'appel.

Ne serait-ce pas un grand bienfait pour l'autre moitié des plaideurs, d'obtenir ainsi presque sans frais un jugement accepté par la partie adverse ?

La justice sera-t-elle suffisamment **éclairée?**

Négative. — On ne saurait nier qu'au point de vue du savoir et des lumières des tribunaux de première instance n'offrent des garanties supérieures.

Affirmative. — Cela cessera d'être vrai le jour où les juges de paix seront soumis à des conditions sérieuses de capacité, en échange desquelles ils bénéficieront d'avantages pécuniaires et honorifiques. Disons plus : si l'on conteste leurs qualités de jugement et de discernement, il faudrait leur enlever alors la connaissance des litiges de petite valeur : car ce n'est pas le taux mais la nature de l'action qui rend le jugement plus ou moins difficile.

On objecte encore que la réforme projetée amènerait la suppression de plusieurs tribunaux d'arrondissement.

Nous ne nions pas la valeur de cet argument; mais il est, à notre avis, plutôt favorable que nuisible à notre thèse. Cette question, du reste, trop longue pour être étudiée ici, est liée à celle de la réforme genérale de notre organisation judiciaire.

On voit qu'en définitive la compétence du juge de paix pour les actions mobilières réelles ou personnelles pourrait sans inconvénient essentiel être portée à 300 francs en dernier ressort et 1,500 en premier ressort (1).

B — Extension aux matières commerciales.

Faut-il, comme le porte la proposition de loi, attribuer aux juges de paix une compétence commerciale ?

L'honorable M. Cazot en était d'avis et voici pour quels motifs :

« Les mêmes raisons de facilité d'instruction et de diminution des frais par le rapprochement des justiciables du prétoire portent à penser que les petites affaires commerciales seraient, comme les affaires civiles, déférées avec avantage à la juridiction de paix ; il faut observer qu'un grand nombre d'instances portées devant le Tribunal de commerce ont pour but les payements d'effets dont les causes sont souvent civiles, et que les arrangements à prendre à ce sujet entre les créanciers et les débiteurs rentrent essentiellement dans le rôle des juges de paix. »

La Commission, partageant la même manière de voir, propose de confier

(1) Pour la discussion des différents articles du projet de loi Labussière, consulter le Rapport de la Commission, p. 16. Voir notamment, p. 51, les tableaux mentionnant les innovations principales du projet.

aux juges de paix les actions en matière commerciale, mais seulement en dernier ressort jusqu'à la valeur de 300 francs.

Toutefois les adversaires de cette réforme soulèvent des objections qui paraissent concluantes.

1° Les statistiques de 1887 donnent, pour les tribunaux de commerce, les chiffres suivants :

Affaires terminées		218.507
Contradictoirement.	en premier ressort	19.274
	en dernier ressort	34.527
Par défaut	en premier ressort	14.849
	en dernier ressort	79.931
Par transaction ou désistement.		69.926

Les tribunaux de commerce sont, on le sait, compétents en dernier ressort jusqu'à 1,500 francs. Le projet de la Commission leur enlèverait donc un nombre considérable d'affaires, dont nous ne pouvons fixer le chiffre exact. Mais pourquoi compliquer encore les fonctions du juge de paix, déjà si diverses?

Pourquoi créer deux classes de justiciables : « aux petits, la justice des tribunaux de paix, juge unique ; aux gros, la juridiction consulaire, (1). »

2° Les tribunaux de commerce présentent les mêmes avantages que ceux que l'on cherche dans l'extension de la compétence des juges de paix, à savoir : facilité de conciliation, prompte expédition des affaires, simplicité de procédure, économie de frais (2).

3° Le juge de paix, si bien intentionné et si éclairé qu'on le suppose, possédera-t-il l'expérience des commerçants statuant sur des affaires commerciales (3) ?

4° Les commerçants sont habitués à se transporter d'un point à un autre, à correspondre avec toutes les régions où leurs intérêts sont en jeu.

5° Au moment où l'on propose d'étendre le mode électif à toutes les

<hr>

(1) Lettre de la Chambre de commerce de Flers, 1890.
(2) Rapport de M. Goblet.
(3) Lettre de la Chambre de commerce de Bordeaux 1881.

juridictions, est-il logique de détruire la seule magistrature judiciaire élective inscrite dans nos lois (1).

Le véritable progrès consisterait à établir pour les petites affaires commerciales un ou plusieurs juges conciliateurs, faisant partie du Tribunal de commerce, et à multiplier le nombre de ces tribunaux.

C — Extension en matière correctionnelle.

Le projet de loi actuel est muet sur ce chapitre.

Le rapport de M. Goblet se montrait partisan de cette réforme : mais ne doit-on pas être très prudent en cette matière et se garder d'étendre une juridiction devant laquelle la défense est difficile sinon impossible, le ministère public insuffisant et la décision abandonnée aux caprices d'un seul juge.

D — Faut-il accroître la compétence territoriale ?

Actuellement il y a dans chaque canton un juge de paix et deux suppléants.

Faut-il, comme le portait le projet Brisson, accorder la faculté « de charger, par décret rendu, le Conseil d'Etat entendu, un juge de paix du service de deux cantons limitrophes » ?

On peut prédire à coup sûr que les juges de paix chargés de deux cantons ne suffiraient pas à leur tâche; ils devraient recevoir en outre une indemnité de déplacement, et l'on ne voit plus alors où serait l'économie ; car c'est là le principal argument en faveur de cette mesure.

Toutefois, dans les villes divisées en plusieurs cantons, cette réunion pourrait être opérée par décret : l'économie serait indiscutable.

En outre la Cour pourrait, sur les réquisitions du procureur général, déléguer, pour une durée, qui d'ailleurs ne dépasserait pas quinze jours, le juge d'un canton voisin, en cas d'absence ou d'empêchement des juges du canton et de ses suppléants.

En revanche, dans certains cantons suburbains, il y aurait peut-être intérêt à augmenter le nombre des juges de paix. Nous pourrions citer par exemple le

---

(1) Lettre de la Chambre de commerce de Flers, 1890.

canton de Neuilly, où les communes de Boulogne, Neuilly, Levallois-Perret·
Clichy, sont du ressort d'une seule justice de paix. Sans doute la tâche de
ce magistrat n'est pas tellement excessive qu'il ne puisse y suffire : d'après la
statistique de 1887 il n'a eu à juger que 1,189 affaires tandis que 2,853 ont été
soumises au juge de paix du 18ᵉ arrondissement de Paris. — Mais l'éloigne-
ment de ces diverses communes, le développement qu'elles ont prises, la
difficulté des communications, rendraient peut-être nécessaire la création
d'un second tribunal de canton.

APPENDICE

Revision de la taxe des greffiers et huissiers de justice de paix.

Il est juste de chercher à améliorer la situation souvent précaire des
greffiers de paix.

Depuis 1887, la loi a introduit un certain nombre d'actes qu'il est inique
d'imposer aux greffiers sans leur donner droit à une juste rémunération.

Il y aurait lieu également à reviser le tarif des actes d'huissier devant
la justice de paix.

IV

ORGANISATION — NOMINATION — AVANCEMENT ET TRAITEMENT — DE L'INAMOVIBILITÉ

Conditions de capacité. — La mission confiée aux juges de paix est
déjà aujourd'hui fort délicate et compliquée : elle le deviendra plus encore
avec les fonctions diverses que le nouveau projet de loi attribue à ces magistrats.

Ce n'est plus *un homme des champs* comme le voulait Thouret qu'il
faut nommer à ces places : le bon sens ne suffit plus ; il faut y joindre la
science du droit, l'expérience des affaires, et la connaissance du cœur
humain.

Aussi la Commission exige-t-elle des candidats certaines conditions
d'âge et de capacités.

Ils doivent être âgés de 25 ans accomplis et pourvus du grade de
licencié en droit.

Ce grade peut être remplacé par les équipollents suivants :

Cinq ans d'exercice de la profession de notaire ou d'avoué ;

Six ans de magistrature consulaire dont deux au moins comme président de tribunal ou président de section d'un tribunal de commerce ;

Dix ans de la profession d'huissier, de greffier près les cours, tribunaux civils de commerce ou de paix, et de commis-greffier près les cours et tribunaux civils ;

Et dix ans de fonctions de suppléant de justice de paix.

Ces garanties sont-elles suffisantes ?

Un jeune homme de 25 ans offre-t-il l'autorité et le prestige nécessaires pour que les parties s'en remettent à lui du soin de trancher leurs différends ? Possède-t-il un esprit assez mûr, une notion assez étendue des choses de la vie pour réussir dans cette mission à laquelle prépare la longue pratique des affaires, mieux encore que les leçons de l'École ? A supposer même que la science de tels magistrats ne se trouve pas en défaut, estime-t-on que les paysans, défiants par nature, se laisseront aisément concilier par eux.

Nous ne le pensons pas.

L'argument tiré à ce propos des tribunaux de première instance ne nous semble pas décisif. Sans doute on peut être nommé substitut à 22 ans, juge ou procureur de la République à 25, président à 27 ans ! Mais la condition de ces magistrats est bien différente : ils siègent entourés de leurs collègues, dont les avis les guident et les conseils les éclairent ; les avocats, par leurs plaidoiries, leur présentent la cause sous ses divers aspects, tandis qu'auprès d'eux une bibliothèque assez complète leur fournit des livres à consulter. Or les juges de paix sont privés de tous ces avantages. L'âge de 30 ans nous semble donc devoir être maintenu.

Nous ne croyons pas non plus qu'il convienne d'appeler aux fonctions de juge de paix ceux qui ont exercé pendant cinq ans seulement les professions de notaire ou d'avoué.

Quels sont les fonctionnaires de cet ordre qui après un laps de temps si court se démettraient de leur charge, d'ordinaire lucrative, en tous cas indépendante, pour solliciter la place de juge de paix ?

Qu'ils y soient contraints par les événements, le mauvais état de leurs affaires ou les arrêts de la Chambre de discipline, c'est toujours là pour le corps judiciaire une fâcheuse recrue.

Nous verrions volontiers, au contraire, l'accès de ces fonctions ouvert aux notaires et aux avoués qui auraient exercé leur profession pendant vingt ou vingt-cinq ans.

De même serions-nous favorable à la nomination comme juges de paix des magistrats des tribunaux de première instance qu'aurait atteints la limite d'âge et surtout de ceux que des considérations particulières porte-raient à solliciter leur retraite avant 70 ans, âge auquel le décret du 1er mars 1852 la leur impose.

Leur pension est souvent insuffisante pour vivre, la faculté d'y joindre le traitement de juge de paix leur créerait une situation convenable que beaucoup peut-être rechercheraient.

De l'avancement et de l'honorariat. — Mais pour rendre possible le recrutement de tels fonctionnaires, il faut les séduire par un traitement plus rémunérateur et un avenir plus brillant que ceux qu'il leur est aujourd'hui permis d'espérer.

L'admission aux plus capables,
L'avancement aux plus dignes,
L'indépendance partout,
a dit M. Bérenger (1). Pour réaliser ce programme voici ce que propose la Commission :

« Pourront être nommés juges ou juges suppléants dans les tribunaux de première instance les juges de paix qui auront exercé leurs fonctions pendant dix ans, et pendant cinq ans seulement s'ils sont pourvus du diplôme de licencié en droit. »

Le même article récompense enfin par l'honorariat les juges de paix titulaires ou suppléants qui comptent trente ans d'exercice, ou dont la carrière a été interrompue par des infirmités graves et permanentes leur créant des droits à une pension de retraite.

Des traitements. — Les traitements des juges de paix doivent être également mis plus en rapport avec l'honorabilité de leur position.

« On cite souvent le désintéressement de la magistrature française (2) :

(1) Rapport de M. Bérenger à l'Assemblée nationale, 24 juin 1871.
(2) Jules Favre, *De la réforme judiciaire*. Paris, 1877, p. 112 à 119.

si on peut souffrir des vices de son institution, nul ne saurait lui refuser le tribut d'hommage que doit lui faire valoir le courage héroïque avec lequel un grand nombre de ses membres supporte la pauvreté. Cette pauvreté même est un *crime social*. Aussi je ne crains pas d'affirmer bien haut qu'il y va de l'honneur de la France de mettre sans délai le traitement de la magistrature au niveau du rang qu'elle occupe dans l'Etat et du rôle élevé qu'elle y remplit (1). »

La loi du 21 juin 1845, article 3, dispose « que, dans les villes où siègent des tribunaux de première instance, le traitement des juges de paix sera le même que celui des juges de ces tribunaux ».

D'autre part la loi du 30 août 1883, qui a relevé dans une certaine proportion le traitement des juges de première instance, porte dans l'article 9 : « Les traitements des juges de paix *demeurent, jusqu'à ce qu'il en ait été autrement ordonné,* fixés aux chiffres auxquels ils s'élèvent actuellement. » Or la loi est encore à faire et il est temps de voir disparaître une aussi choquante inégalité.

Le nombre des classes des juges de paix serait réduit à quatre (cinq en comprenant Paris) au lieu de neuf qui existent actuellement.

Le traitement unique serait de 2,500 francs.

Il serait en plus accordé une indemnité de résidence qui varie avec l'importance de la ville, siège de la justice de paix.

Voici les chiffres qui en résulteraient :

A Paris.	8.000 fr.
Villes de plus de 80,000 habitants	5.000
— 20,000 —	3.500
Villes de moins de 20,000 —	2.800
Autres cantons.	2.500

Quelle sera la charge annuelle qui résultera pour le budget de l'augmentation de traitement proposée ?

(1) Voir aussi J. Lévy, *Quelques mots sur la nomination de la magistrature.* Lyon, 1881.

1° A Paris :

20 juges à 8,000 francs, soit . . . .   160.000 fr.

2° Dans les chefs-lieux judiciaires, Nice, Versailles et canton du département de la Seine (Voir tableau, annexe de l'art. 20) :

70 juges de paix à 5,000 francs, soit 350.000

3° Dans les villes de plus de 20,000 habitants :

153 juges de paix à 3,500 francs, soit 515.000

4° Dans les villes de moins de 20,000 habit. :

324 juges de paix à 2,800 francs, soit 907.200

5° Dans les autres cantons :

2.307 juges de paix à 2,500 francs, soit. 5.767.500

Total. 2.874   Total. . . . . 7.720.200 fr.

La dépense inscrite au budget de 1888 étant de 5,047,500 francs. L'augmentation serait donc de 1,772,700 francs.

Mais la faculté laissée au Gouvernement de réunir deux ou plusieurs cantons urbains sous la juridiction d'un même juge de paix, amenant, d'après les prévisions mêmes de la Chancellerie, une économie de 337,900 francs, la charge supplémentaire à imposer à nos budgets serait en définitive réduite à 1,434,800 francs.

Cette charge n'est pas exagérée en proportion des services que rendra aux contribuables l'institution des juges de paix ainsi organisée.

Alors que s'accroissent chaque jour les budgets de l'instruction publique et de la guerre, n'est-il pas équitable d'augmenter également, et dans d'étroites limites, le budget de la justice : aussi bien s'agit-il d'une réforme qui s'impose.

De l'inamovibilité. — En exigeant des juges de paix certaines conditions de capacité, en élevant leur traitement, en ouvrant à leur carrière des perspectives plus grandes, on s'efforce d'assurer leur indépendance et de rendre leur prestige égal à celui des autres magistrats : toutes ces tentatives seraient vaines si l'on ne mettait pas les juges de paix à l'abri du pouvoir ; ils doivent être éloignés de la politique où la dignité du juge ne peut que se compromettre : il ne convient pas que ces places soient la récompense de services rendus à un parti, ni qu'elles soient à la merci des cabales d'une faction ni des rancunes d'un député influent.

L'inamovibilité n'irait pas cependant sans certaines garanties.

Voici ce que proposait M. Bérenger : « Si le fait qui rend le maintien du juge de paix dans sa résidence impossible lui est imputable et constitue une infraction au devoir et à la dignité professionnelle, il sera dénoncé à la Cour par voie disciplinaire. S'il lui est étranger ou n'est pas de ceux qui méritent une flétrissure, le Tribunal du département aura la faculté, après avoir entendu ses explications, de provoquer son déplacement. »

On pourrait encore, comme le veut M. Desjardins (1), soumettre leur révocation à l'avis d'une commission spéciale désignée chaque année par la Cour.

Du mode de nomination. — Dans ces conditions, la nomination des juges de paix doit, semble-t-il, être laissée aux soins du gouvernement.

Toutefois si l'on estime que, pour prévenir les abus de l'arbitraire gouvernemental, il est nécessaire d'entourer la nomination des magistrats de certaines garanties, on sera d'avis que des garanties de même nature devraient présider à la nomination des juges de paix. Sous ce rapport, l'institution auprès de la Chancellerie d'une commission composée de membres du Parlement, de magistrats et de fonctionnaires, chargée d'examiner les titres des candidats et d'établir des listes de présentation conduirait peut-être à de bons résultats.

D'autres systèmes sont encore soutenus : celui de l'élection, tel que l'avait établi l'Assemblée constituante, et celui de la nomination par le pouvoir exécutif sur une liste de présentation dressée par les assemblées cantonales, tel qu'il fonctionna depuis le Sc. du 16 thermidor de l'an X jusqu'à la charte de 1814.

(1) DESJARDINS, *Nouvelle Organisation judiciaire.* 1872.

Pour nous guider dans ces diverses matières n'avons-nous pas l'expérience des peuples voisins? Chez la plupart d'entre eux la compétence des juges de paix est plus étendue, le traitement plus rémunérateur; quant à l'inamovibilité, fixée par des lois en Belgique, en Hollande, en Allemagne, elle est consacrée par l'usage en Angleterre, en Italie et dans presque tous les pays de l'Europe.

CONCLUSION

L'instant est venu chez nous de mettre l'institution des juges de paix en harmonie avec les nécessités de l'époque : l'augmentation des richesses, le développement du commerce et de l'industrie, l'exemple des autres nations qui nous ont précédés dans cette voie, tout indique l'urgence d'une loi nouvelle ; tel est l'unique but que la proposition de loi Labussière poursuit en apparence. Mais, il importe de le signaler, ce projet a une portée plus étendue. Elle apparaît à l'examen comme le point de départ d'une réforme judiciaire dont le principe serait l'unité du juge. Par ces remarques nous avons dessein, non pas d'empêcher le législateur de s'engager dans cette voie, mais de lui indiquer où elle mène.

1er février 1891.